WEEKLY WR READER
EARLY LEARNING LIBRARY

Our Country's Holidays/
Las fiestas de nuestra nación

Thanksgiving/ Día de Acción de Gracias

by/por Sheri Dean

Reading consultant/Consultora de lectura:
Susan Nations, M.Ed.,
author/literacy coach/consultant in literacy development
autora/tutora de alfabetización/
consultora de desarrollo de la lectura

Please visit our web site at: www.earlyliteracy.com
For a free color catalog describing Weekly Reader® Early Learning Library's list
of high-quality books, call 1-877-445-5824 (USA) or 1-800-387-3178 (Canada).
Weekly Reader® Early Learning Library's fax: (414) 336-0164.

Library of Congress Cataloging-in-Publication Data available upon request from publisher.
Fax (414) 336-0157 for the attention of the Publishing Records Department.

ISBN 0-8368-6523-5 (lib. bdg.)
ISBN 0-8368-6530-8 (softcover)

This edition first published in 2006 by
Weekly Reader® Early Learning Library
A Member of the WRC Media Family of Companies
330 West Olive Street, Suite 100
Milwaukee, WI 53212 USA

Copyright © 2006 by Weekly Reader® Early Learning Library

Managing editor: Valerie J. Weber
Art direction: Tammy West
Cover design and page layout: Kami Strunsee
Picture research: Cisley Celmer
Translators: Tatiana Acosta and Guillermo Gutiérrez

Picture credits: Cover, © Tony Freeman/PhotoEdit; p. 5 © Blair Seitz/Photo Researchers, Inc.;
p. 7, Jean L. J. Ferris, The First Thanksgiving, Private Collection/The Bridgeman Art Library;
p. 9, engraved by Theodore de Bry, published by Jacques Le Moyne, Collecting Crops for the
Communal Storehouse, Service Historique de la Marine/Lauros/Giraudon/The Bridgeman
Art Library; p. 11, M. P. Rice, "Abraham Lincoln"/Mary Evans Picture Library; p. 13 © Lawrence
Migdale/Photo Researchers, Inc.; p. 15 © Lew Robertson/FoodPix/Getty Images; p. 17 © Ron
Chapple/Taxi/Getty Images; p. 19 © Kwame Zikomo/SuperStock; p. 21 © Yellow Dog Productions/
The Image Bank/Getty Images

Printed in the United States of America

1 2 3 4 5 6 7 8 9 10 09 08 07 06

Note to Educators and Parents

Reading is such an exciting adventure for young children! They are beginning to integrate their oral language skills with written language. To encourage children along the path to early literacy, books must be colorful, engaging, and interesting; they should invite the young reader to explore both the print and the pictures.

In *Our Country's Holidays*, children learn how the holidays they celebrate in their families and communities are observed across our nation. Using lively photographs and simple prose, each title explores a different national holiday and explains why it is significant.

Each book is specially designed to support the young reader in the reading process. The familiar topics are appealing to young children and invite them to read — and reread — again and again. The full-color photographs and enhanced text further support the student during the reading process.

In addition to serving as wonderful picture books in schools, libraries, homes, and other places where children learn to love reading, these books are specifically intended to be read within an instructional guided reading group. This small group setting allows beginning readers to work with a fluent adult model as they make meaning from the text. After children develop fluency with the text and content, the book can be read independently. Children and adults alike will find these books supportive, engaging, and fun!

— Susan Nations, M.Ed., author, literacy coach,
and consultant in literacy development

Nota para los maestros y los padres

¡Leer es una aventura tan emocionante para los niños pequeños! A esta edad están comenzando a integrar su manejo del lenguaje oral con el lenguaje escrito. Para animar a los niños en el camino de la lectura incipiente, los libros deben ser coloridos, estimulantes e interesantes; deben invitar a los jóvenes lectores a explorar la letra impresa y las ilustraciones.

Con la serie *Las fiestas de nuestra nación* los jóvenes lectores aprenderán que las fiestas que sus familias y sus comunidades celebran son días especiales en todo el país. Mediante vistosas fotografías y textos sencillos, cada libro explora una fiesta nacional diferente y explica por qué es importante.

Cada libro está especialmente diseñado para ayudar a los jóvenes lectores en el proceso de lectura. Los temas familiares llaman la atención de los niños y los invitan a leer — y releer — una y otra vez. Las fotografías a todo color y el tamaño de la letra ayudan aún más al estudiante en el proceso de lectura.

Además de servir como maravillosos libros ilustrados en escuelas, bibliotecas, hogares y otros lugares donde los niños aprenden a amar la lectura, estos libros han sido especialmente concebidos para ser leídos en un grupo de lectura guiada. Este contexto permite que los lectores incipientes trabajen con un adulto que domina la lectura mientras van determinando el significado del texto. Una vez que los niños dominan el texto y el contenido, el libro puede ser leído de manera independiente. ¡Estos libros les resultarán útiles, estimulantes y divertidos a niños y a adultos por igual!

— Susan Nations, M.Ed., autora/tutora de alfabetización/
consultora de desarrollo de la lectura

Happy Thanksgiving! On Thanksgiving, we think about the people and things that make us happy.

━ ━ ━ ━ ━ ━ ━ ━ ━ ━ ━ ━ ━ ━

¡Feliz Día de Acción de Gracias! El Día de Acción de Gracias, pensamos en las personas y en las cosas que nos hacen felices.

4

Almost four hundred years ago, pilgrims and Native Americans sat down at a big meal. This was the first Thanksgiving. The pilgrims had come from England. The Indians had lived here for hundreds of years.

Hace casi cuatrocientos años, los peregrinos y los indígenas americanos celebraron un gran banquete. Fue el primer Día de Acción de Gracias. Los peregrinos habían venido desde Inglaterra. Los indígenas americanos habían vivido aquí por cientos de años.

6

It was harvest time. Fruits and vegetables were ripe. The settlers and Indians had worked hard to grow this food. They were happy to have something to eat.

Era la época de la cosecha. Las frutas y los vegetales estaban maduros. Los colonos y los indios habían trabajado duro para cultivar estos alimentos. Estaban contentos de tener algo para comer.

Today we celebrate Thanksgiving on the third Thursday in November. President Abraham Lincoln made this day a holiday in 1863.

- - - - - - - - - - - - - - - - -

Actualmente, celebramos el Día de Acción de Gracias el tercer jueves de noviembre. El presidente Abraham Lincoln creó esta fiesta en 1863.

10

Some families start cooking early in the morning. Friends often come to eat.

Algunas familias comienzan a cocinar desde la mañana. Con frecuencia, los amigos vienen a comer.

13

Many people eat turkey on Thanksgiving. Sometimes we call it "turkey day."

━ ━ ━ ━ ━ ━ ━ ━ ━ ━ ━ ━ ━ ━

El Día de Acción de Gracias, mucha gente come pavo. Por eso, a veces, decimos que es "El Día del Pavo".

15

Sometimes many people come together for the Thanksgiving meal. Sometimes a few people gather.

En ocasiones, se reúnen muchas personas para la comida de Acción de Gracias. Otras veces, sólo se reúnen unas pocas personas.

We watch football or parades on TV. Sometimes we play with family and friends.

Vemos juegos de fútbol americano o desfiles en la televisión. A veces, jugamos con nuestros familiares y amigos.

18

At Thanksgiving, we are grateful for what we share. What are you thankful for at Thanksgiving?

El Día de Acción de Gracias agradecemos las cosas que podemos compartir.
¿Qué cosas agradeces el Día de Acción de Gracias?

20

Glossary

harvest — the season when a crop that is ready to cook or eat is gathered
Native Americans — Indians, people whose relatives lived in North America for hundreds of years
Pilgrims — people who came to North America in 1620
settler — a person from one country who travels to another country to stay

Glosario

colono — persona que viaja de un país a otro para quedarse
cosecha — época en que se recoge un cultivo que está listo para ser comido o cocinado
indígenas americanos — indios, personas cuyos antepasados vivieron en América del Norte por cientos de años
peregrinos — personas que vinieron a América del Norte en 1620

For More Information/ Más información

Books

Thanksgiving: A Harvest Celebration. Julie Stiegemeyer
    (Concordia)

Thank You, Sarah: The Woman Who Saved Thanksgiving.
    Louise Halse Anderson (Aladdin)

Libros

Día de acción de gracias. Rachel O'Connor and May Harte
    (PowerKids Press)

Gracias, el pavo de Thanksgiving. Joy Cowley
    (Scholastic en español)

Web Sites/Páginas web

The First Thanksgiving
El primer Día de Acción de Gracias
teacher.scholastic.com/thanksgiving/index.htm
See what life was like at the first Thanksgiving feast and
learn more about the settlers and Native Americans.
Conoce cómo vivía la gente cuando se celebró el primer
banquete de Acción de Gracias y aprende más cosas sobre
los colonos y los indígenas americanos.

23

Index

Índice

About the Author

Sheri Dean is a school librarian in Milwaukee, Wisconsin. She was an elementary school teacher for fourteen years. She enjoys introducing books and information to curious children and adults.

Información sobre la autora

Sheri Dean trabaja como bibliotecaria en Milwaukee, Wisconsin. Durante catorce años, fue maestra de primaria. A Sheri le gusta proporcionar información y libros novedosos a niños y adultos con ganas de aprender.